AF267505

Im. 27
16789.

INFAILLIBILITÉ

DE

L'ARCHEVÊQUE DE PARIS;

INHUMANITÉ, DESPOTISME, HYPOCRISIE

ET INJUSTICE

DE CE PRÉLAT.

Par M. S. ORTEGA.

Encore quarante jours, dit-il,
et Ninive sera détruite.

PARIS.

CHEZ L'AUTEUR, RUE SAINT-JACQUES, N.º 90;

ET CHEZ TOUS LES MARCHANDS DE NOUVEAUTÉS.

1831.

Paris.—Imprimerie d'Herhan, rue Saint-Denis, n. 380.

INFAILLIBILITÉ

DE

L'Archevêque de Paris.

Français et généreux Parisiens, voyez au milieu de vous un malheureux Espagnol, un pauvre prêtre proscrit par d'autres prêtres, et réduit aux dernières extrémités de la misère par cet orgueilleux archevêque qui, oubliant qu'il est le ministre d'un Dieu né dans une étable et mort sur la croix, n'ambitionne qu'honneur et richesses, ne veut vivre que dans la joie, ne respire que haine et tyrannie, et voudrait que Paris fût enseveli sous ses ruines plutôt que d'y voir régner la liberté et l'égalité, ces biens si chers aux cœurs français.

Hélas ! je n'avais vu dans la religion du Christ qu'une loi d'amour et de charité ; prêtre, je m'étais imposé la double obligation d'en pratiquer les principes et de les prêcher aux autres par mes exemples encore plus que par mes discours, afin de prouver à ceux qui daignaient m'entendre que du loyal accomplissement de ces principes naissait le bonheur particulier, comme le bonheur général.

Il est vrai que ces grandes vérités ne plaisent pas aux esclaves, aux valets du pouvoir, aux agens de la tyrannie, et encore moins aux mauvais prêtres, qui ne cherchent dans une religion de pauvreté que luxe, plaisir et richesses, et dans une loi d'égalité que les moyens d'abrutir les hommes par l'ignorance et de les asservir à leur ambition.

Le pauvre Espagnol, qui a voulu être à la fois bon prêtre et bon citoyen, devait donc marcher sous l'étendard d'une généreuse insurrection. Aumônier pendant huit ans dans un régiment de ma chère patrie, blessé aux siéges mémorables de Sarargosse et Gironne, et bientôt proscrit, persécuté, j'ai été obligé de chercher un asile en France; naturalisé citoyen français, et y demeurant depuis plus de quinze ans, je n'ai pas voulu y végéter comme les plantes qui deviennent stériles loin du sol qui les a vues naître, ainsi j'ai cherché à être utile autant qu'il était en mon pouvoir, persuadé par une longue expérience du monde, que si un mauvais prêtre pouvait faire beaucoup de mal, un bon prêtre pouvait faire encore plus de bien.

Combattre l'ignorance et le fanatisme, instruire les simples, humilier les superbes, fortifier les faibles, ramener par la douceur le coupable au repentir, prêcher les bonnes mœurs, faire haïr le vice, faire aimer la vertu en la pratiquant soi-même, inspirer enfin la charité et l'amour de Dieu par l'amour du prochain, par l'amour du travail suivant le principe de l'Apôtre, *qui travaille prie ;* en un mot, ne voir dans la race des hommes qu'une famille, que des frères égaux en droit et également chers à leur père commun ; à ce Dieu dont tout nous atteste la puissance, et dont la justice est toute bonté, tel est selon moi le devoir d'un prêtre, tel est le devoir dont j'ai fait la règle de ma conduite, et quand j'ai mis tous mes efforts à l'accomplir, faut-il que j'en sois si cruellement puni par l'orgueilleux archevêque de Paris ?

J'ai desservi pendant quatorze ans la paroisse de Nersac, département de la Charente, et celle de Saint-Eugène, département de Saône-et-Loire ; j'y puis invoquer avec confiance le suffrage de tous les gens de bien ; les honorables témoignages que m'en ont donnés les populations tout entières ont été confirmés par les auto-

rités civiles, comme par mes supérieurs ecclé-
siastiques, et même par le vertueux évêque
d'Angoulême, Monseigneur Dominique Lacombe, qui pendant neuf ans a été mon généreux appui, mon père, et j'oserais dire mon
ami. Je conserve encore comme une source de
consolation dans mes peines la lettre pastorale
où ce digne apôtre me témoignait sa généreuse
bienveillance.

Ce saint homme mort, j'ai dû quitter le dio-
cèse d'Angoulême, j'ai dû quitter aussi le dio-
cèse d'Autun après quatre ans de résidence; un
jeune évêque dont l'ignorance orgueilleuse se
décorait du nom du sacré-cœur de Jésus sem-
blait se faire un plaisir de la persécution; malheur au prêtre qui osait avoir une opinion à lui,
une pensée généreuse; je l'ai vu dans l'église de
Châlons-sur-Seine, le 21 janvier 1829, donner
à cette cérémonie funèbre une solennité toute
mondaine et y prêcher l'amour du despotisme et
la haine de la liberté. Les magistrats qui l'en-
touraient rougissaient et s'indignaient de ses
gestes, de ses grimaces, de ses paroles et de ses
odieux principes, mais dans ce temps-là il fallait
se taire.

Persécuteur par sentiment comme par prin-

cipes, le même évêque était l'humble flatteur
des puissances du jour : « Toute notre ambi-
» tion (s'écriait-il dans sa lettre d'intronisation),
» c'est de cimenter notre union..... Qu'il est
» consolant, disait-il encore, de voir notre sol-
» licitude partagée par le noble dépositaire de
» la confiance royale, si digne par ses qualités
» pressantes et sa fidélité aux jours du malheur
» de marcher à notre tête. »

Et l'homme qui parlait ainsi m'écrasait sous
le poids de son injustice, comme il en écrasait
bien d'autres, car il a toujours préféré les mé-
chans et les fripons qui lui plaisaient aux
prêtres simples et savans, aux prêtres indépen-
dans qui ont voulu lui dire la vérité et ne subir
d'autre joug que celui d'une foi éclairée.

Mais si injuste qu'il pût être à mon égard,
l'évêque d'Autun était loin de l'impitoyable
despotisme de l'archevêque de Paris. Je lui déplais ou plutôt je déplais à quelques uns de ses
courtisans ; je ne ferai pas fortune, car je hais
la flatterie, voilà mon crime, et il veut qu'il soit
impardonnable. L'orgueilleux prélat connaît mon
opinion, il sait que sans avoir jamais troublé les
ménages, je suis ami de la liberté, et que j'ai
travaillé aux barricades avec mes concitoyens ;

BIBLIOTHÈQUE IMPÉRIALE
IMPR.

pour m'en punir il veut me condamner à mourir de faim.

Et quand tous mes anciens paroissiens me regrettent encore, quand de dignes et respectables pasteurs m'honorent de leur estime, quand personne n'attaque ni mes mœurs ni mes principes, l'archevêque de Paris prononce mon interdiction et m'excommuniant comme un impie, il m'a fait repousser de toutes les églises où je me suis présenté pour célébrer, avec toute l'humilité d'un vrai croyant, le mystère de la rédemption des hommes.

Le prêtre doit vivre de l'autel, a dit saint Paul, et quand un faux hypocrite veut s'y gorger en épicurien et en sybarite de toutes les délices de la bonne chère, il repousse un honnête homme qui se contenterait d'y ramasser quelques miettes pour soutenir sa chétive existence. Je ne demandais que la faculté de dire la messe dans les églises de Paris ; de bons prêtres, car il y en a encore, m'auraient accepté au milieu d'eux, et j'aurais vécu de l'humble rétribution qu'on accorde aux besoins d'un prêtre sans fortune ; l'archevêque de Paris ne le veut pas, et quand il a bien dîné, que lui importe que les autres meurent de faim !

D'ailleurs, s'écrie-t-il, le grand Jésuite, ont-ils besoin de vivre ces gens? Ninive ne sera-t-elle pas détruite? et pour hâter sa prédiction, il prêche le mépris des lois et du gouvernement qu'ont fondés les barricades... Il porte le trouble dans les consciences, l'esprit de révolte dans les imaginations. Veut-il donc la guerre civile? est-ce par elle qu'il espère amener dans quarante jours la destruction de Ninive, c'est-à-dire la destruction de l'héroïque ville de Paris, à qui il ne peut pardonner d'avoir détruit en trois jours le gouvernement du jésuitisme, de la tyrannie et de la cagoterie?

Le prélat qui commandait à Charles x l'emploi des baïonnettes et de tous les excès du pouvoir absolu, le prélat qui prophétisait à cet aveugle roi l'éclat d'un long règne, prophétise aujourd'hui la destruction de la nouvelle dynastie; mais veut-il, pour l'accomplissement de sa nouvelle prophétie, une troisième invasion de notre belle patrie par les hordes du nord? Le fier autocrate viendra-t-il briser nos plus beaux monumens sous les boulets qui en ce moment couvrent de morts les champs de l'héroïque Pologne? L'archevêque de Paris attend-il les orgueilleux Moscovites, ceux mêmes qu'il traite d'hérétiques, pour chanter avec eux un *Te Deum* sur les débris de la capitale? voudrait-il, cet archevêque, imiter le scélérat Caligula qui souhaitait que le peuple romain n'eût qu'une tête pour pouvoir la couper d'un seul coup?

Eh bien! que le roi des Français et ses imprudens conseillers y prennent garde! l'hydre de la congrégation n'est pas encore étouffée, elle se ranime aux cris de la Vendée et des assassins de Tarascon; ses têtes, un moment écrasées, se redressent avec une nouvelle fureur.

Elle croit déjà le faux de la généreuse Pologne; croira-t-elle celui de la Belgique? croira-t-elle celui de tant de Français que l'intrigue et l'ambition lui préparent pour victimes?

Hommes de juillet, défenseurs du gouvernement des barricades, vrais amis d'une royauté populaire, vrais amis de la liberté, soyez unis; l'étranger épie toutes vos démarches; il profitera de vos moindres erreurs; il brûle de s'élancer encore sur vos provinces; et cette troisième invasion, si par malheur elle se réalisait, ne serait qu'incendie et carnage. Écoutez la voix d'un prêtre qui voudrait encore être utile à son pays, et si son âge et ses infirmités ne lui permettent plus que la prière, qu'il ait au moins la liberté de prier ; car c'est pour vous, c'est pour le peuple, c'est pour ses droits les plus sacrés, c'est pour la prospérité du nouveau trône, que ce pauvre prêtre voudrait chaque jour, et dans vos temples, élever au ciel ses mains suppliantes et les vœux de la charité. Le fanatique archevêque de Paris peut-il refuser cette consolation à ma vieillesse, et le gouvernement, né au milieu des pavés, est-il sans force et sans pouvoir contre le fanatisme et la persécution !

L'Espagnol n'est-il pas Français comme vous ? L'archevêque de Paris, ce prélat, à grandes et belles phrases, me reproche de ne pas connaître assez votre langue pour exercer convenablement mon ministère : faut-il, pour dire humblement la messe, parler comme un académicien ? J'ai peu de science, mais celle de M. de Quélen est sur ses lèvres, la mienne est dans mon cœur : c'est mon cœur qui, pendant quinze ans, m'a inspiré à Nersac et à Saint-Eugène les paroles que j'ai adressées à mes anciens paroissiens ; c'est encore mon cœur qui m'inspirera et qui ne mettra sur mes lèvres que des paroles de paix, que les expressions de la tolérance, de la douceur et de la charité.

Encore quarante jours, et Ninive sera détruite, dit notre saint homme. Je ne cesserai
de le répéter un million de fois, et je crains
bien que cette prophétie ne se réalise dans un
sens bien différent. Oui, je crois que si le roi
des Français, que je vénère avec un profond
respect, que si le gouvernement ne veille avec
la vigilance la plus scrupuleuse, je crains que
la nation, le gouvernement et le roi ne soient
détruits par la perfidie et les intrigues du Jésuitisme, qui n'est pas encore éteint, et que bien
loin de là, les prêtres ne cherchent à allumer la
guerre civile par tous les moyens qui sont dans
leur pouvoir. Hélas! il faut connaître son intolérance et sa perversité, étant prêtre comme je
le suis, malgré une vocation tout opposée à mes
idées et à mes opinions.

Que l'archevêque de Paris le sache bien, qu'il
soit persuadé que le plus grand péché, celui
que le Saint-Esprit ne pardonne pas ni dans
ce monde ni dans l'autre, est le bouleverse-
ment d'un gouvernement libéral, juste, bien-
fesant et tranquille, que l'archevêque hait et
méconnaît; que ce prélat et ses acolytes con-
sultent leur conscience, si toutefois ils en ont;
qu'ils rougissent de leurs intrigues et de leur

intolérance, ainsi que de leur inhumanité envers un opprimé qui, rempli des vertus les plus religieuses et les plus bienfesantes, se voit aujourd'hui abandonné de ceux qui se disent les envoyés du Très-Haut.

Malgré une vocation tout opposée à mes idées et à mes opinions, mes parens m'obligèrent d'embrasser cet état à l'âge où ni la raison ni l'expérience ne pouvaient se développer pour connaître si tout cela pouvait me convenir ; mais mon père et ma mère voulurent me forcer dans l'âge le plus tendre à sacrifier une victime et connaître, quoique tard, les injustices et cruautés de confrères la plupart hypocrites et faux dévots.

Je sais bien que dans l'histoire ecclésiastique il faut rendre justice à un petit nombre de prêtres tolérans qui méritent un grand respect : je sais bien qu'il y a eu des Benoît, des Clément, des évêques de Cambrai, de Dijon, des Lacombe et des Grégoire ; encore, parmi ce petit nombre, quelques-uns ont été persécutés et même empoisonnés, si l'histoire ne nous trompe pas ; et sous mes yeux, et sous les yeux de tout Paris, on a vu l'archevêque de Paris s'acharner contre un respectable vieillard, dont les vertus éminentes, la tolérance, la charité, la douceur, la bonté, étaient assez connues de tous les hommes qui l'avaient entouré. Eh bien! monseigneur Grégoire, ancien évêque de Blois, a été regardé par son confrère l'archevêque de Paris comme un impie et comme un hérétique; cependant je m'honore d'avoir communiqué avec cet excommunié, qui me favorisait de sa compagnie avant sa maladie, pendant sa maladie, de qui je n'ai reçu que des bienfaits et que des consolations pour l'avenir. L'archevêque de Paris a des yeux, et ne veut pas voir; il a des oreilles, et ne veut pas entendre.

Et après il parle de l'oubli des injures, de l'amour pour son prochain, de la charité pour ses semblables, et tant d'autres mots qui sont pour lui insignifians comme on le voit par expérience. Il y a quatorze mois que je réside à Paris, et je n'ai pu encore faire entendre raison à l'archevêque; il veut que je meure de faim et d'angoisse. Enfin personne ne fut plus innocent que moi, et personne ne fut plus persécuté; mais mon malheur dépend de moi-même : pourquoi n'être pas flatteur? pourquoi n'être pas hypocrite? pourquoi ne pas deman-

der la protection de quelque duchesse ou mar-
quise auprès de sa grandeur? Sous ces condi-
tions j'aurais été reçu immédiatement, car
toutes ces qualités sont nécessaires dans le
monde où nous vivons.

Il est aussi vrai que si les prêtres, après
vingt-trois ans de service, m'ont abandonné à
un si triste sort, la divine providence aura soin
d'un malheureux dont tous les crimes ont été
la bienséance, l'amour pour ses semblables, la
liberté sans licence. Oui, je trouverai de la phi-
lantropie chez mes frères et mes concitoyens.
Enfin, naturel en tout comme vieux Castillan,
je n'ai pas d'autre langage que d'appeler les
choses comme elles sont : le pain, pain ; le vin,
vin.

Si quelquefois je me suis présenté à mes
concitoyens pour leur manifester les injustices
de l'archevêque de Paris, ils m'ont refusé la
porte en croyant impossible qu'un prélat se fût
montré si inhumain envers moi pendant un si
long intervalle de temps, si je n'eusse pas com-
mis des fautes très graves ; le peuple a raison,
je ne me plains pas de ses argumens ; et si je
suis aujourd'hui si déshonoré et si abîmé de
mes maux physiques et moraux (car après tant

d'injustices je ne suis pas insensible), la cause de mes malheurs est dans la faiblesse du ministère des cultes qui, connaissant mon innocence, a peur de combattre un si puissant seigneur; il craint la colère d'un despote irrité qui, avec ses saintes bénédictions, peut envoyer en enfer tous les ministres.....

Je pourrais demander la réparation de mon honneur, je pourrais demander aussi des dommages-intérêts pécuniaires à l'archevêque, etc., etc. Mais qu'est-ce que j'ai à réclamer lorsque les ministres n'osent attaquer un archevêque furibond et impitoyable? Tout ce que je me suis proposé dans cet exposé, c'est de démontrer mon innocence, la pureté de mes actions, et mon existence, poursuivies par la fureur hypocrite de l'archevêque, et tous les maux que sa vengeance médite contre moi et contre tous ceux qui ne sont pas de son opinion. La religion de l'archevêque, monseigneur de Quélen, c'est l'ignorance, qu'il voudrait propager pour abrutir le monde; et ce but atteint, les affaires iraient à merveille!

ORTEGA,

Rue Saint-Jacques, n° 99.

www.ingramcontent.com/pod-product-compliance
Lightning Source LLC
Chambersburg PA
CBHW061716050726
47598CB00004B/1877